KB273945

손안의 불서

⑨

병환과 기도

일타큰스님·김현준 지음

효림

【쾌유기도문】

중생 병고　치유하는　대자비의　불보살님
영원 생명　깨우치고　무한 능력　갖췄기에
병든 이몸　정성 다해　불보살님　염하면서
참회하고　발원하고　감사기도　드립니다

이내 몸이　가피 입어　원래 건강　회복하면
참되고도　걸림 없는　불자의 길　걸으면서
나와 남을　평등하게　사랑하며　살려내고
부처님의　거룩한 법　두루 널리　펴오리다

불보살님　자비의 빛　지혜의 빛　행복의 빛
어디서나　어느 때나　이내 몸에　충만할새
난치불치　업병인들　어찌 아니　나으리까
지극정성　기울여서　쾌유기도　올립니다

나무대자대비관세음보살 관세음보살······
(또는)

나무약사유리광여래불 약사여래불······
(일정 시간 계속)

·잘못했습니다, 잘못했습니다, 잘못했습니다.

·꼭 낫게 해주십시오, 꼭 낫게 해주십시오,
꼭 낫게 해주십시오.

·점점 좋아지고 있습니다, 점점 좋아지고
있습니다, 점점 좋아지고 있습니다.

·완쾌되었습니다, 완쾌되었습니다, 완쾌되
었습니다.

·감사합니다, 감사합니다, 감사합니다.

·나무마하반야바라밀 (3번)

책을 펴내며

많은 분들이 병고病苦 속에서 신음하고 있습니다. 생로병사의 법칙에 따라 누구나 겪게 되는 병….

그러나 병은 끝이 아닙니다. 어떠한 의미에서는 새로운 삶의 시작이요 새 출발입니다. 그러므로 병에 져서는 안 됩니다. 자신감을 가지고 영원생명의 기운을 불러일으켜야 합니다.

우리에게는 영원한 생명력을 일깨워 주고 무한한 행복과 대해탈을 안겨다 주는 불보살님이 함께 하고 계십니다.

이제 이 책을 읽고 믿음의 힘으로 열심히 불보살님을 염하십시오. 그리하면 병고로부터 반드시 해탈하여 원래의 건강한 몸은 물론이요 무한행복과 평화를 만끽하게 될 것입니다.

불보살님전에 환우들의 빠른 쾌유를 간절히 기원합니다.

차 례

제1장

병고를 양약으로 삼아

김 현 준

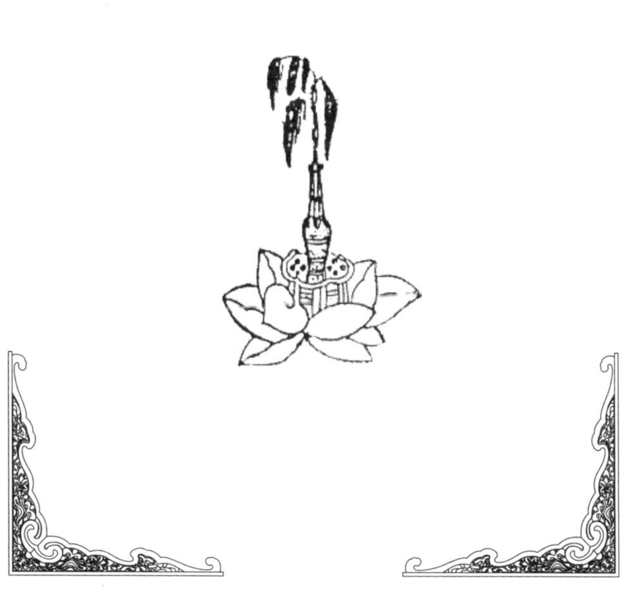

몸에 병 없기를 바라지 말라.
念身不求無病

몸에 병이 없으면
身無病則

탐욕이 생겨나기 쉽고
貪欲乃生

탐욕이 생겨나면 마침내
貪欲生必

파계하여 도에서 물러나게 되느니라.
破戒退道

병의 인연을 살펴
識病因緣

병의 성품이 공空한 것을 알면
知病性空

병이 '나'를 어지럽히지 못하나니
病不能惱

그러므로 대성인이
是故大聖化人

'병고로써 양약을 삼으라' 하셨느니라.
以病苦爲良藥

「보왕삼매론」

병 없기를 기원하지만

사람들은 몸에 병이 깃들지 않기를 기원합니다. 언제나 병 없이 살기를, 건강하게 살기를 기원합니다. 병뿐만이 아닙니다. 늙음도 죽음도 찾아오지 않기를 바랍니다. 그러나 「보왕삼매론」에서는 이러한 기대부터 '말라'고 합니다.

"몸에 병 없기를 바라지 말라."

'원치 않는 병이여, 제발 찾아들지 말라'는 것은 지극히 당연한 인간적인 바람입니다. 그런데 왜 '바라지 말라'고 한 것일까요? 몸이 있으면 병이 찾아들게끔 되어 있는 것인데, 병이 없기를 바라면 바라는 대로 되기는커녕, 번뇌만 심해지고 힘만 더 들 뿐이기 때문입니다. 그래서 '병 없기를 바라지 말고' 살 것을 강조하신 것입니다.

오히려 「보왕삼매론」에서는 몸에 병이 없을 때 생겨나는 병폐를 지적하고 있습니다.

"몸에 병이 없으면 탐욕이 생겨나기 쉽고, 탐욕이 생겨나면 마침내 파계하여 도에서 물러나게 되느니라."

부처님께서도 말씀하셨습니다.

"나의 몸은 병들고 나는 병을 초월할 수 없다는 것을 언제나 되새겨야 한다. 누구나 건강할 때는 '건강하다'는 자신감에 취해 몸과 말과 뜻으로 갖가지 업을 짓게 된다. 그러나 병을 초월할 수 없다는 것을 되새길 줄 알면 교만함이 사라지고 악업도 줄어드느니라."　　　　　『증일아함경』

실로 보통 사람들은 몸이 건강할 때 무상함을

잘 생각하지 않습니다. 건강할 때는 병과 죽음이 깊이 있게 다가오지 않으므로 감각기관이 좋아하는 바를 쫓아다니며 삽니다. 병 들었을 때 어떻게 되는가는 생각하지 않고 현재의 탐착하는 바를 따라 살아갑니다.

과연 무엇에 탐착하며 살아가는가? 요약하면 재욕財欲·색욕色欲·식욕食欲·명예욕名譽欲·수면욕睡眠欲의 오욕락五欲樂에 탐착하고, 오욕락을 누리며 살고자 하는 것입니다. 그럼 이 오욕락이 나쁜 것인가?

인간의 기본적인 욕망인 오욕락은 결코 나쁘기만 한 것이 아닙니다. 돈이 부족하면 갖고 싶고, 배가 고프면 먹고 싶고, 이성과 함께하고 싶고, 피곤하면 자고 싶어지는 것입니다. 따라서 적당하게 가지고, 합당하게 즐기고, 알맞게 먹고, 잘 만큼 자는 것은 전혀 문제가 되지 않습니다. 당연한 바람인데 어찌 문제가 되겠습니까?

문제는 '싶다'가 지나칠 때 일어납니다. '싶다'가 지나치면 탐욕貪欲이 됩니다. 이 탐욕의 시작은 모두 '더 갖고 싶다', '더 하고 싶다', '더 먹고 싶다', '더 누리고 싶다', '더 자고 싶다'는 등의 '남보다 더, 지금보다 더 ~하고 싶다'에서 출발합니다.

지나치게 누리며 살고자 한다! 이것이 탐욕의 시작이며, 지나치고 법도에 맞지 않는 것을 일러 탐욕이라고 하는 것입니다.

탐욕은 '나'에게 맞고 내가 바라는 바를 나의 것으로 만들기 위해 잡아당기는 것입니다. 끌어당기는 것입니다. 나의 것이 아닌데도 잡아당겨 내가 먹고, 상대가 원하지 않는데도 끌어당겨 나의 것으로 만들며, 가져서는 안 되는 것인데도 잡아끌어 내가 가지는 것이 탐욕입니다.

그런데 더 큰 문제는 인간의 탐욕심을 그대로 놓아두면 끝이 없다는 데 있습니다. 원하는 것이 충족될 때까지 끊임없이 끌어당기고, 충족이 되고 나면 또다시 더 큰 욕심을 일으켜 '나'의 것으로 만들려고 합니다.

이렇게 하다가 정도를 넘어서면 어떻게 됩니까? 파계破戒를 하고 패가망신합니다. 탐욕심으로 끊임없이 끌어당기다 보면 당연히 지켜야 할 계戒의 선線을 넘어서게 되고, 마침내는 파멸 속으로 빠져들게 됩니다.

이것을 누가 모르겠습니까? 그런데도 사람들은 쉽게도 오욕락에 빠져듭니다. '이 몸을 즐겁게 해 주는 것은 오욕락'이라는 착각 속에 빠져 헤어나지를 못합니다. 잡아당기고 끌어당기는 탐욕심이 앞으로 받게 될 과보를 잊게 만들어 버리기 때문입니다.

하지만 탐욕에 사로잡힐수록, 오욕락에 빠지면 빠질수록 몸은 더욱 빨리 망가집니다. 맛있는 음식, 이성과의 잦은 관계, 재물을 모으는 재미에 밤낮을 잊고 행하는 노동…. 그 결과는 몸의 부실로 이어져 병이 찾아들고 마침내는 몸의 붕괴로 끝을 맺게 됩니다.

정녕 그 병과 죽음으로 끝을 맺게 되는가? 아닙니다. 이 몸을 위하고 쾌락을 위하여 남을 괴롭히고 희생시킨 악업惡業을 짊어지고 삼악도를 향한 여행을 떠나게 되는 것입니다. 그래서 「보왕삼매론」은 우리를 일깨우고 있습니다.

"몸에 병 없기를 바라지 말라. 몸에 병이 없으면 탐욕이 생겨나기 쉽고, 탐욕이 생겨나면 마침내 파계하여 도에서 물러나게 되느니라."

병을 통하여 도심道心을 불러일으키고, 바른 삶을 이끌어내라는 사자후를 하고 있는 것입니다.

병은 대우주의 경고

그럼 병이 들었을 때는 어떻게 해야 하는가?

사람들은 병 자체를 싫어합니다. 크고 작은 병 모두를 싫어합니다. 왜 싫어합니까? 내가 가장 사랑하는 '나'를 병이 찾아들어 힘들게 하기 때문입니다. 그래서 병이 들면 긍정적인 마음을 갖지 않습니다. 고치기 어려운 병이 들수록 크게 실망하고 많이 슬퍼합니다. 특히 병이 없기를 바라고 있었던 이들에게는 충격과 슬픔과 실망이 더욱 더합니다.

그러나 큰 병이 들었을 때일수록 냉정하게 병을 긍정하고 병의 원인을 찾을 줄 알아야 합니다.

"병의 인연을 살펴라."

「보왕삼매론」의 이 말씀은 '무엇 때문에 지금의 병이 들게 되었는가'부터 반성해 보라는 것입니다.

이유 없는 병은 없습니다. 원인 없이 그냥 찾아오는 병은 없습니다. 병의 씨를 심고 그 씨를 키워 왔기 때문에 지금의 병이 모습을 드러낸 것입니다. 오욕락에 취해 몸을 함부로 굴렸거나, 정신적인 스트레스에 시달리며 살았거나, 깊은 무기력에 빠졌거나, 한을 안고 살았거나, 누군가를 지독히 증오하며 살았거나, 살생의 업을 많이 지었거나, 영가의 장애로 말미암는 등, 병에는 분명한 까닭이 있습니다.

수명이 다해서 찾아온 병이 아니라면, 그 병의 원인을 정확히 알아서 마음을 풀고 몸을 돌보고 삶의 방식을 바꾸어야 합니다. 그렇게 하면 병이 사라집니다.

암이라면 사람들이 크게 두려움을 느꼈던 1991년 여름, 54세의 나이로 개인사업을 하던 안광수씨는 소화가 잘되지 않고 피곤이 심하여 종합병원을 찾았습니다. B형 간염이 있었는데 그 탓이 아닌가 하여 검사를 받으러 간 것입니다. 3일 뒤 검사 결과를 알아보기 위해 다시 병원을 찾았을 때 의사가 단호하게 말했습니다.

"입원을 하셔서 정밀검사를 받아야겠습니다. 간경변이 아닌지 의심스럽습니다."

입원을 하여 7일 동안 각종 검사를 하였을 때, 의사는 다시 요구했습니다.

"혈관 촬영을 해봅시다."

혈관 촬영이 무엇인지를 몰랐던 안광수씨는 '촬영' 후 큰 고통을 느꼈지만, '그런가 보다' 하며 넘겼습니다. 그것이 혈관 촬영이 아니라 항암제를 투여하는 암 치료였음을 느끼게 된 것은 머리카락이 빠진 다음이었습니다. 그의 부인은 의사로부터 남편이 앞으로 3~6개월 정도밖에 살지 못할 것이라는 말을 들었지만….

두 번째 항암제 치료를 받을 때 안광수씨는 의사로부터 '간암'이라는 병명과 함께 간 속에 지름 5.5㎝ 크기 한 개와 2㎝ 크기 두 개 등 3개의 암 덩어리가 자라고 있다는 말을 들었습니다. 그는 매우 큰 충격을 받았지만, 바쁘게 살아온 지난날을 돌아보았습니다.

'좀 더 잘살아 보겠다고 일에 시달리며 살았던 나날들! 술에 고기에 불규칙한 생활들…. 이 어찌 그냥 온 병이랴.'

지나온 삶을 되돌아보며 간암이라는 큰 병을 담담하게 받아들인 안광수씨는 적극적으로 임했습니다. 간암을 이긴 사람들의 모임인 '밀알회' 회원이 되어 식이요법을 배웠습니다.

2개월 동안 요양하며 약 복용과 함께 꾸준히 식이요법을 한 다음 검사를 받았을 때, 암 크기는 4.8㎝로 줄었고, 얼마 뒤에는 다시 2.9㎝로 줄었습니다. 1년 뒤, 초음파 검사를 마친 의사는 매우 기뻐하며 말했습니다.

"기적 같은 일입니다. 희미한 흔적은 있으나 암은 사라졌습니다. 축하합니다."

1994년, 그의 몸에서는 간염까지 모두 사라졌으며, 건강을 완전히 회복한 안광수씨는 경기도 일산에 인쇄공장을 설립하였습니다. 그는 2000년 11월 30일자 〈조선일보〉 인터뷰에서 말했습니다.

"암에 걸리면 초조하고 불안해지기 마련인데, 그러면 잘 낫지 않는다는 것을 알게 되었습니다. 의학 치료와 함께 마음을 편하게 갖고, 식이요법과 운동을 병행하면 암도 이길 수 있다고 확신합니다."

♪

이 안광수씨의 경우처럼 큰 병이 왔다고 절망에 빠지거나 포기할 일이 아닙니다. 이때 지난 삶을 되돌아보고 병의 원인을 찾아 마음을 거두어 잡아야 합니다.

결코 병은 죽음을 알리는 소식만이 아닙니다. 오히려 병은 생명의 기운으로 가득 차 있는 대우주의 경고입니다. 법답게 잘 살라는 대우주의 경고입니다. 감기 몸살 하나에도 이러한 경고가 담겨 있습니다.

"감로병인 몸을 어찌 그리도 혹사시키느냐? 쉬어주어라. 감로병이 온전하여야 감로수가 새지 않느니라."

큰 병일수록 경고 또한 강합니다. 오욕락에서 깨어나 바르게 살아라, 한을 풀고 살아라, 마음을 넉넉하게 쓰라, 세상을 의미 있게 살아라, 생명을 중시하라, 참회하라는 등의 경고를 담고 있습니다.

생애의 끝에 찾아드는 병까지도 끝맺음의 회향廻向, 마지막의 회향, 새로운 생生에 대한 회향을 잘하라는 경고를 담고 있습니다.

이처럼 우리에게 찾아오는 병은 우리로 하여금 향상된 삶을 살 것을 깨우쳐 주고 있습니다. 따라서 병이 들면 지난날을 돌아보고 병의 원인이 된 잘못을 고쳐, 향상의 길로 나아가야 합니다.

결코 병이 전하는 경고를 무시해서는 안 됩니다. 경고가 왔을 때 스스로를 반성하고 스스로의 삶을 바꾸면 얼마든지 건강해질 수 있는 여지가 있습니다. 하지만 여러 차례의 경고에도 바꿀 줄 모르고 고칠 줄 모르면 병은 마침내 이 몸을 무너뜨립니다.

여기 우화 같은 한 편의 이야기가 있습니다.

❀

저승사자가 잡아 온 사람에게 염라대왕이 물었습니다.

"너는 인간 세상에서 무슨 일을 하다가 왔느냐?"

"장가가서 일하고 처자식 먹여 살리며 살았습니다."

"그것은 인간이면 누구나 다 할 수 있는 일이 아

니냐? 그런 일 말고, 네가 특별히 행한 선행善行을 묻는 것이다."

아무리 생각해 보아도 내세울 만한 일이 떠오르지 않자, 그는 궁색한 변명을 늘어놓기 시작했습니다.

"염라대왕님, 저에게 죽는 날만 미리 알려주셨더라도, 뭔가 좋은 일을 많이 하고 왔을 것입니다. 그런데 이렇게 빨리 부르실 줄을 어찌 알았겠습니까?"

"요놈, 대답 한번 잘한다. 너의 귀밑머리를 희게 만들어 내 앞에 올 날이 머지않았음을 일러주었고, 궂은날에는 허리의 통증으로, 또 얼굴에 깊어지는 주름살로, 나의 소식을 전하지 않았더냐? 그리고 각종 병을 통하여 죽음을 통고해 주었거늘!"

병의 성품은 공空

병은 염라대왕의 소식입니다. '잘 살다 오라'는
염라대왕의 소식이므로 병이 찾아왔을 때는 결코
포기하지 말고 삶의 의욕을 불러일으켜야 합니다.
실로 큰 병이 걸린 사람도 삶의 의미, 살아있어야
할 까닭이 분명하면 병을 이길 수 있습니다.

김천에 살았던 배덕운성보살은 부잣집 외동아들
인 남편이 평생을 돈 쓰는 재미로 살면서 물려받
은 재산은 물론 처갓집 재산까지 모두 탕진하고
죽었으므로, 셋방살이를 하며 힘들게 두 딸과 한
아들을 키웠습니다. 그런데 그녀의 두 딸이 결혼을
하고 아들이 중앙대 전자공학과 2학년에 재학하여
고생이 끝나갈 즈음, 말기 자궁암에 걸렸습니다.

"석 달 정도 살 수 있습니다. 주변 정리를 하시지

요."

지금은 자궁암을 심각하게 생각하지 않지만 1970년대만 하여도 말기 자궁암은 반드시 죽는 병이었기에, 덕운성보살에게는 대구 동산병원 의사의 말이 그야말로 청천벽력이었습니다. 그동안 아이들 키우며 힘들게 사느라고, 아픔이 올 때마다 '낫겠지 낫겠지' 하며 진찰을 미룬 것이 화근이었습니다.

덕운성보살은 서울로 시집을 간 큰 딸과 함께 세브란스 병원으로 가서 또 진찰을 받았습니다.

"석 달은 너무 성급한 진단입니다. 그러나 6개월은 보장이 안 됩니다."

그녀는 의사를 붙들고 사정을 하였습니다.

"저를 2년만 더 살려주십시오."

"왜 2년을 더 살고자 하십니까?"

"제 아들이 대학 2학년입니다. 그 아이 졸업 때까지만 살게 해주십시오."

의사는 고개를 저었습니다. 답답한 마음을 안고 김천으로 내려온 그녀가 매달릴 곳은 없었습니다. 오직 하나, 관세음보살뿐이었습니다.

기도비가 없었던 그녀는 집에서 백일기도를 시작했습니다. 아침저녁은 물론이요 틈만 나면 '관세음보살'을 불렀습니다. 그런데 백일기도 마지막 날 새벽에 꿈을 꾸었습니다.

그녀는 청암사 극락암에 모셔진 42수관음상 앞에서 끝도 없이 절을 하고 있었습니다. 그때 갑자기 백발의 노스님 한 분이 나타나 약 세 봉지를 주셨습니다. 엉겁결에 그녀는 무릎으로 기어가 약봉지를 받았으나, 어떻게 해야 할지를 몰라 쩔쩔매고 있었습니다.

"먹어라."

"물이 없습니다."

그러자 노스님은 다기물을 손바닥에 부어주었고, 그 물로 한 봉지를 먹고 나자 또 물을 부어주셨습니다.

'또 먹어라.'

'마저 먹어라.'

이렇게 세 봉지의 약을 먹고 나자 약 냄새가 거슬렸고, 자신도 모르게 몸서리를 치다가 꿈에서 깨어났습니다. 꿈을 깨고 나서도 그 약 냄새는 그녀의 몸과 집안에 진동을 하였습니다.

이 일이 있고 말기 자궁암이 완전히 나아 아들의 대학 졸업을 지켜보았을 뿐 아니라, 그 뒤 아흔을 넘길 때까지 건강하게 살았습니다. 2년이 아니라, 30년도 더 산 것입니다.

♌

덕운성보살은 아들 공부가 끝닐 때끼지는 살아야겠다는 마음으로 기도했습니다. '어머니로서의 도리를 다하겠다'는 생각에 포기를 하지 않고 기도를 한 것입니다. 이렇게 병에 걸린 사람에게 살아야 할 까닭이 분명하고, 살겠다는 의지가 확고

하면 병은 쉽사리 명을 끊지 못합니다.

같은 병에 걸려도 어떤 사람은 죽고 어떤 사람은 사는 까닭이 바로 여기에 있습니다. 물론 병 자체에 홀로 존재할 수 있는 칼날 같은 주체가 있는 것이라면, 인간의 의지와 삶의 의미가 아무리 강할지라도 병을 이길 수 없습니다. 그러나 병이 무엇입니까?

인연 따라 찾아든 것입니다. 병 자체는 고유한 성품을 지닌 것이 아닙니다. 병의 씨[因]를 심은 것도 나요, 병이 자라는 환경[緣]을 만든 것도 나요, 병을 가꾼 것[業]도 나요, 병환[果]을 앓는 것도 나입니다. 그렇다면 무엇이 문제입니까? 고유한 실체가 없는 병을 원망할 것입니까?

아닙니다. 병은 본래 빈 것입니다. 다스릴 것은 병이 아니라 바로 '나'입니다, 그러므로 병이 찾아들면 병을 겸허하게 받아들여 나를 다스려야 합니다. 무아無我! 그야말로 나를 무아로 만들어야

합니다. 무아가 되면 모든 병이 사라지기 때문입
니다.

　"병의 인연을 살펴 병의 성품이 공한 것을 알
면 병이 나를 어지럽히지 못하나니, 그러므로 대
성인이 '병고로써 양약을 삼으라' 하셨느니라."

　이 「보왕삼매론」의 가르침도 무아에 있습니다.
나의 교만〔我慢〕, 나에 대한 사랑〔我愛〕, 나의 고집
〔我見〕, 나의 어리석음〔我癡〕을 비우라는 것입니다.
　꼭 명심하십시오. '나'가 비면 병도 또한 공해집
니다. 나가 있기 때문에 그 나에 병이 와서 붙는
것이요, 나가 없어져 버리면 나를 인연처로 삼아
찾아드는 병 또한 사라집니다. '기도로 병이 낫는'
원리도 바로 이것입니다.
　정녕 기도는 매달리는 것입니다. 되게 해 달라고,
이루어지게 해 달라고 매달리는 것입니다. 특히 병

기도는 매달림이 심합니다. ‘나를 살려달라’고 매달립니다. ‘나! 나’를 살려달라는 것입니다.

이렇게 병기도는 ‘나’에게서 시작됩니다. 그런데 나에게서 시작된 병기도가 어떻게 나로 말미암아 생겨난 병을 낫게 할 수 있는가? 지극히, 간절히 매달리다 보면 홀연히 나를 잊게 되기 때문입니다.

‘나’를 잊어 무아가 되면 불보살과 하나가 되고, 바로 그때 중생제도의 원력을 세운 불보살님의 가피가 찾아듭니다. 영원 생명·무한 행복 그 자체인 불보살님과 내가, 무아를 통하여 하나가 되는 것입니다. 따라서 병 기도를 통하여 차 한 잔 마실 시간이라도 삼매를 이루면 비로소 무아가 되고, 무아가 되면 반드시 가피를 입게 됩니다.

병고病苦 속의 불자들이여. 병이 찾아들면 병을 두려워하지 마십시오. 바로 그 병이 좋은 약입니다. 병든 이때가 바로 향상向上의 시기인 것입니다.

실로 나 스스로의 힘으로 생겨난 병을 치료할 수 있다면 문제가 아니지만, 나의 힘으로 안 되면 마땅히 의사와 약의 힘을 빌려야 합니다. 그런데 나의 힘으로도 의사의 힘으로도 해결할 수 없을 때에는 어떻게 해야 합니까?

우리는 불자이므로 불보살님께 매달려야 합니다. 하지만 적당히 매달려서는 안 됩니다. 매달리고 또 매달려 '나'를 잊는 삼매에 이를 때까지 매달려야 합니다.

불보살님은 우리에게 돈도 헌신도 복종도 요구하지 않습니다. 오직 '나'에서 비롯된 병이니 나를 잊을 때까지 기도하는 그 정성만을 요구합니다.

병고로써 양약을 삼아 향상된 길로 나이갑시다. 대자대비하신 불보살님, 그리고 법계에 가득 차 있는 영원한 생명력이 언제나 우리와 함께하고 있다는 것을 명심하면서…

감로병과 감로수

이제 나의 몸인 감로병甘露甁과 마음인 감로수甘露水에 대해 살펴보면서 한 가지 청을 드리고자 합니다.

사람들, 특히 나이가 많은 분들은 늘 강조합니다.

"건강이 최고다. 건강만 해라."

"다 필요 없다. 안 아프면 된다."

그렇습니다. 건강이 최고입니다. 건강이 무너지면 근심 걱정이 커지고, 제대로 할 수 있는 것이 없기 때문입니다. 하지만 이 몸보다, 이 몸의 건강보다 더 중요한 것이 있습니다.

그것은 마음의 건강입니다. 마음이 건강해야 우리의 몸을 망치는 탐욕[貪]과 분노[嗔]와 어리석음[癡]의 세 가지 독[三毒]을 넘어설 수 있고, 스트레스를 없앨 수 있고, 불필요한 근심 걱정을 벗어날 수 있습니다.

불필요한 근심 걱정이 없고, 스트레스가 없고, 탐욕과 분노와 어리석음을 벗어난 건강한 마음을 갖고 있어야, 몸이 건강해질 수 있고 행복해질 수 있고 평화로워질 수 있습니다. 한마디로 마음이 건강해야 몸이 건강할 수 있습니다.

이렇게 보면 무엇이 먼저입니까? 몸의 건강입니까? 마음의 건강입니까? 당연히 마음의 건강입니다. 그러므로 감로병인 몸 건강에만 너무 집착하지 말고, 감로수인 마음 건강에 주력해야 합니다.

감로병 속에 감로수가 아닌 썩은 물이나 오염된 물이 담겨 있다면, 그 병을 어찌 감로병이라 이름할 수 있겠습니까? 감로병은 감로수를 담고 있을 때라야 감로병이 될 수 있습니다. 병瓶인 이 몸을 아무리 아름답게 가꿀지라도 감로수가 들어 있지 않으면 감로병이 아닙니다. 그러므로 몸의 건강에 앞서 마음의 건강을 늘 먼저 챙겨야 합니다.

하지만, 감로병인 몸에 구멍이 나거나 금이 가거나 한쪽이 깨어지게 하여서는 안 됩니다. 감로수가 담겨 있을 수 없기 때문입니다.

그러므로 마음 감로수를 중요시하면서 몸인 감로병을 돌보아야 하고, 깨어지지 않도록 조심해야 합니다. 그래야만 마음과 몸이 함께 건강한, 진짜 행복한 사람이 될 수 있습니다.

물론 물질인 감로병은 언젠가는 깨어지게 되어 있습니다. 이 몸은 늙고 병들고 죽게 되어 있습니다. 다행히 의술이 발달한 요즘은 늙음과 죽음을 늦추어 주고, 병도 예방해 주고 있습니다.

그러므로 활력을 잃지 않게 몸을 가꾸고, 아프면 병원을 찾고, 건강검진을 미리 잘 받아 고혈압·당뇨·암 등 힘들고 갑작스럽게 불행을 안겨다 주는 병들을 예방하면서, 이기심과 자존심과 탐욕을 놓고 분노를 떠나보내며 맑고 밝은 마음으로 지내면, 내 몸과 내 마음은 물론이요 내 주변과 세상까지도 그지없이 건강해집니다. 자비심으로 보시하고 용서하고 이해하며 살면 정말 세상이 아름다워집니다.

나는 절대 손해 보지 않겠다는 내 이기심, 내 몸 하나 잘 지키고 잘 가꾸며 살겠다는 내 욕심이 나의 감로병을 그릇되게 만든다는 것을 잊지 마십시오.

감로수, 나를 살려내고 모든 것을 살려내는 감로수를 잘 지녀야 내 몸은 감로병이 된다는 것! 이것 하나만은 꼭 기억하고 새겨주시기를 두 손 모아 청하옵니다.

부디 몸에만 집착하고 몸만 돌보는 데 빠지지 말고, 몸과 마음을 함께 살펴서, 향상과 깨달음과 행복이 가득한 감로의 삶을 이루시기를 깊이깊이 축원 드립니다.

나무마하반야바라밀.

제2장

기도 성취의 지름길

일타스님

간절하게 기도하라

사람들 중에는 기도를 매우 어렵게 생각하는 이들이 있습니다. 특히 불교를 믿는 이들은 "마음을 비우고 해야 한다" 또는 "자기 자신을 위한 소원을 가져서는 안 된다"는 등의 말을 듣고 기도의 방향을 잘 잡지 못하기까지 합니다.

물론 이것이 틀린 말은 아닙니다. 그러나 다급한 소원이 있는데 어떻게 마음을 비우고 기도하기가 쉽겠습니까? 또, 일체중생을 위한 기도라 할지라도 궁극적으로는 '나'의 해탈과 관련이 있으니, 따지고 보면 자신을 위하지 않는 기도가 이 세상 어디에 있겠습니까? 그러므로 기도를 복잡하게 생각할 필요가 없습니다.

쉽게 말해, 기도는 비는 것입니다. "도와 달라" "낫게 해달라"고 비는 것이 기도입니다.

어떤 사람이든 힘이 있고 자신이 있을 때는 신심

信心, 곧 자기 자신의 의지로써 살아갈 수 있습니다. 그러나 나약해지고 자신이 없을 때는 의지할 것이 있어야 합니다. 곧 신앙信仰이 필요한 것이다.

기도는 신앙입니다. 신심이 아니라 신앙인 것입니다. 따라서 기도를 할 때는 매달려야 합니다. 내 마음대로도 남의 도움으로도 어찌할 수 없는 것을 불보살의 불가사의한 힘에 의지하여 "이루어질 수 있도록 해달라"고 매달리는 것이 기도인 것입니다.

그렇다면 우리는 어떠한 마음가짐으로 기도를 해야 하는 것일까?

기도를 할 때는 지극한 마음, 간절한 마음 하나면 족합니다. 복잡한 형식이나 고차원적인 생각이 필요한 것이 아닙니다. 그냥 간절하게 불보살님을 생각하고 지극한 마음을 전하면 되는 것입니다.

간절하다는 것은 마음을 한결같이 갖는 것입니다. 기도하는 환자의 소원이 무엇입니까? 병고病苦로부터 해탈하는 것입니다. 그러므로 그 소원을 이룩하고자 하는 마음 하나로 뭉쳐야 합니다.

　"꼭 낫게 하소서. 꼭 낫게 해주소서. 꼭 낫게 해
주십시오…."

　이렇게 마음을 하나로 모아 간절히 기도하면 반
드시 병고로부터 해탈할 수 있게 되는 것입니다.
　일찍이 신라의 원효스님께서는 기도하는 법을 이
야기하면서, "절하는 무릎이 얼음처럼 시려도 불
생각을 하지 말고, 주린 창자가 끊어져도 먹을 생
각을 하지 말지어다"라고 하셨습니다.
　이것은 얼어 죽든 굶어 죽든 상관하지 말라는
말씀이 아닙니다. 밥 생각, 불 생각이 전혀 일어나
지 않을 정도로 간절히 기도하라는 것입니다.
　기도를 하다보면 처음 얼마 동안은 마음이 잘
모이지만, 조금 지나면 갖가지 잡념들이 많이 일어
나게 됩니다. 몸이 고단하다는 생각, 내가 올바른

방법으로 기도하고 있는가 하는 생각, 공연한 기도가 아닌가 하는 생각…. 이러한 생각들이 기도를 망쳐버립니다. 그러나 이러한 생각들은 억지로 없애려 한다고 하여 없어지는 것이 아닙니다. 오히려 억지로 없애려고 하면 더욱더 일어나는 것이 번뇌망상의 속성인 것입니다.

그러므로 회의가 생기고 잡념이 일어나는 고비를 만나면, 거듭 소원을 곧게 세우고 더욱 간절한 마음으로 기도해야 합니다. 이렇게 간절히 기도하다 보면 일념삼매一念三昧에 빠져들게 되고, 잠깐이라도 깊은 기도삼매에 빠져들면 불보살의 가피력을 입어 소원을 남김없이 성취할 수 있게 되는 것입니다.

❀

경북 영천에 과수원을 경영하는 처사 한 분이 40대 후반에 갑자기 심한 통증을 느끼며 굴신조차 할 수 없는 허리 병에 걸리고 말았습니다. 처사는 들것에 실려 이 병원 저 병원을 전전하며 치료를 받았고, 용하다는 한의사를 찾아다니며 침도 맞고 한약도 달여 먹었지만 전혀 효험이 없었습니다.

사태가 이 지경에 이르렀을 때 비구니 스님이 된 처사의 여동생이 찾아왔고, 여동생은 관세음보살 기도를 할 것을 권했습니다.

"오라버니, 관세음보살을 지성껏 부르면 죽을병도 능히 고칩니다. 그까짓 허리 병 하나 못 고치겠습니까? 누워서 특별히 할 일도 없을 것이니, '노는 입에 염불한다'고 부지런히 관세음보살을 외우십시오."

얼마 동안 처사는 동생이 시키는 대로 관세음보살을 외웠습니다. 그러니 깊은 믿음이 없었던 그는 열심히 외우지도 않았을 뿐 아니라, '영영 불구자가 되고 마는 것이 아닌가' 하는 생각과 함께 염불 자체에 대한 회의에 빠져버렸습니다.

'관세음보살을 외운다고 어찌 허리 병이 나을까

보냐? 나도 참 바보지. 일은커녕 걷지도 못하고 방구석에만 누워 있어야 하는 이내 신세…. 아, 차라리 콱 죽어버리자.'

그는 가족들에게 고래고래 소리를 질렀습니다.

"일도 못 하고 사느니 차라리 죽어버리는 것이 낫다. 먹고 죽어버리게 농약 가져오너라. 빨리 가져 와!"

하루에도 몇 차례씩 가족들을 향해 '농약 먹고 죽어버리겠다'고 소리치자, 견디다 못한 가족들은 다시 동생 비구니 스님을 청했습니다.

"오라버니, 다시 한번 마음을 가다듬고 간절한 마음으로 관세음보살을 불러 보세요. 틀림없이 허리가 나아 다시 일을 할 수 있게 될 것입니다."

"병원에서도 치료하지 못하는 병을 있는지 없는지도 모르는 관세음보살이 어떻게 고쳐? 여러 소리 말고 농약이나 가져 와! 콱 죽어버리게."

"그렇게 농약 먹고 발광하다 죽고 싶소?"

“그래, 이제 사는 것도 지겹다. 빨리 농약이나 가져오너라.”

헛간으로 뛰어간 동생 비구니는 농약 한 바가지를 푹 퍼 가지고 와서 오라버니의 입 앞에 갖다 대며 소리쳤습니다.

“자, 입을 벌려요. 내가 부어 넣어줄 테니까.”

“…”

“뭘 망설여요? ‘아’ 하라는데….”

처사는 여동생의 당돌한 행동에 깜짝 놀라 입을 굳게 다물며 고개를 옆으로 돌렸습니다.

“농약을 먹지 않으려거든 지금부터 관세음보살을 부지런히 외우세요. 부지런히 외워 꿈속에서도 관세음보살을 외우게 되면, 묘한 약이 생기기도 하고 용한 의사를 만나 병이 금방 낫게 될 것입니다.”

여동생의 말을 묵묵히 듣고 있던 처사는 그 순간부터 마음속으로 관세음보살을 불렀습니다. 소리 내어 관세음보살을 찾기가 쑥스러워 마음속으로 관세음보살을 염하였던 것입니다. 그렇게 하기를 7일째 되던 날 저녁, 처사는 문득 꿈을 꾸었습니다.

처사가 사는 동네에 의사 한 명과 세 명의 간호사가 갑자기 찾아와서, '악성 전염병이 돌고 있으니 모두 예방주사를 맞아야 한다'며 동네 사람 모두를 불러 모으기 시작했습니다. 처사가 동네 사람들과 함께 의사 앞으로 가자, 의사는 다른 사람은 거들떠볼 생각도 않고 처사를 끌어당겨 청진기로 진찰을 하는 것이었습니다.

"보통 주사로는 당신 병을 고칠 수가 없소. 저 침대 위에 누우시오."

처사가 침대 위에 눕기 바쁘게 의사는 맥주병만한 큰 주사기를 가져와서 인정사정을 두지 않고 허리에 꽉 찌르는 것이었습니다.

"아야!"

처사는 소리를 지르며 꿈에서 깨어났고, 꿈을 깨고 보니 자신이 벌떡 일어나 앉아 있는 것이었습니다. 그는 서서히 몸을 움직여 보았습니다. 그러나 불편한 곳이라고는 한 군데도 없었습니다. 몸을 뒤척이는 것조차 고통스럽게 만들었던 구제 불능의 허리 병이 완전히 나아 있었습니다.

ℰ

만약 이 처사가 조급증과 무기력 속에 잠겼을 때 영영 기도를 그만두었다면 어찌 관세음보살의 가피를 입을 수 있었겠습니까? 여동생 스님의 적절한 방편으로 처사는 관세음보살을 찾는 기도를 마음속으로라도 할 수 있게 되었고, "차라리 죽는 것이 닛겠다"고 생각한 허리 병이 완쾌된 것입니다.

그러므로 기도를 하는 사람은 모름지기 자신을 나약하게 만드는 수많은 생각들을 잘 단속하여야 합니다. 오히려 잡생각이 일어날수록 마음을 굳게 다져 열심히 기도해야 합니다. "나를 속일 불보살은 없다"는 확실한 믿음을 가지고 더욱 부지런히 기도해야 하는 것입니다.

꼭 마음에 새기십시오. 기도 성취의 비결이 '간절 切', 이 한 글자 속에 있음을!

물체의 형상이 길면 그림자도 길고 소리가 크면 메아리도 크듯이, 내가 드리는 정성이 크면 클수록 불보살의 감응感應도 크게 다가오는 법입니다. '간 절 切' 이 한 글자가 온몸에 사무치도록 간절하게 기도하십시오. 자기도 모르는 사이에 삼매에 빠져 들어 반드시 불보살의 가피력을 크게 입게 될 것입니다.

부디 지극한 마음, 간절하고 또 간절한 마음으로 기도하기를 당부드립니다.

몽중가피

　기도는 맹목적으로 하는 것이 아닙니다. 마음속에 소원이 있으므로 기도를 하는 것이고, 기도를 하는 이상 반드시 불보살의 가피를 입어 소원을 성취하여야 합니다.

　그렇다면 불보살은 어떻게 가피를 보여주는 것일까? 부처님께서 이 세상에 출현한 이래 수많은 사람들이 기도를 하여 가피를 입은 사례들을 유형별로 나누면 크게 세 종류로 분류될 수 있습니다.

　현실에서 바로 가피를 입어 소원이 성취되는 현증가피顯證加被, 꿈을 통하여 소원이 이루어질 것을 예시하는 몽중가피夢中加被, 언제나 은근하게 보호를 받는 명훈가피冥熏加被가 그것입니다.

　이들 삼종가피三種加被 중, 다급한 일을 당한 사람이 기도를 할 때는 현증가피 또는 몽중가피를 입는 경우가 많고, 평소의 안락과 행복을 원하는 사람은 명훈가피를 입어 평안한 삶을 영위하는 경우가 많습니다.

그러나 병고 속에 있는 환자분들께는 몽중가피가 가장 흔히 일어나므로, 여기에서는 몽중가피 이야기만 하겠습니다.

꿈은 우리 생활의 그림자요 마음의 그림자입니다. 그러므로 불보살님께 지극한 마음으로 소원을 빌면 낮에 먹은 마음이 그대로 연장되어 밤의 꿈 가운데 나타나는데, 이것이 몽중가피입니다.

조금 더 구체적으로 이야기해 보겠습니다. '소망이 꼭 이룩되게 해주십사'하고 지극하게 관세음보살을 부르면, 관세음보살이 나타나서 그 사람의 소망에 부응하는 편지 한 장을 주거나, 약을 주거나, 차를 한 잔 주는 꿈을 꾸게 됩니다. 이와 같은 꿈을 꾸면 자기의 소망은 그대로 성취되는데, 이를 일러 관세음보살의 몽중가피라고 합니다.

곧 꿈속에서 받는 통지서는 합격 통지서요, 열쇠

를 하나 받으면 이튿날 돈이 들어오기도 합니다. 또 꿈 가운데 어떤 이로부터 차를 한 잔 받아 마시거나, 의사로부터 수술을 받거나, 약 한 알을 얻어먹으면 병이 완치된다는 징조입니다.

불가佛家에 전해지고 있는 기도 영험담 중에는 이 몽중가피가 가장 많이 전해지고 있습니다. 그 한 가지 예를 들겠습니다.

1980년대 초에 있었던 이야기입니다. 서울 미아리에 사는 40대의 보살이 있었습니다. 그녀는 전생에 닦은 복이 많아서인지 어려서부터 유복하게 자랐고, 돈도 잘 벌고 가정도 잘 돌보는 남편을 만났으며, 아이들도 착실하고 공부를 잘하여 근심 없이 살았습니다.

그런데 어느 날 갑자기 입 안이 허는 병이 생겼습니다. 한두 군데도 아니고 온 입 안이 헐어서 음

식은커녕 물조차 먹기 힘든 지경이었습니다. 병원
에서 치료를 받아도 차도가 없고, 한의원을 찾아
가니 '입 안이 허는 병은 위장에서 온다'고 하며 위
장약을 지어 주었으나 역시 효험이 없었습니다.

설상가상이라더니, 마침내는 혀를 움직일 때마다
입 안이 아파 말조차 제대로 할 수 없게 되고 말았
습니다.

날이 갈수록 그녀의 몰골은 야위어만 갔고, 말조
차 제대로 할 수 없으니 신경만 날카로워지게 되
었습니다. 남편의 자상한 보살핌, 아이들의 재롱도
귀찮게 느껴질 뿐 아니라, 죽음의 그림자가 그녀
를 덮고 있는 것 같아 견딜 수가 없었습니다.

그녀는 집 가까이에 있는 절을 찾아갔습니다. 부
처님께 절을 하면서 살려 달라고 매달리고 싶었으
나, 엎드리면 이빨이 다 쏟아지는 것 같아 절도 할
수 없었습니다. 입 안이 퉁퉁 붓고 헐어서 불보살
님의 명호를 부를 수도 없었습니다.

하는 수 없이 그녀는 가만히 앉아 부처님을 쳐다보면서 속으로 빌었습니다.

"대자대비하신 부처님! 제 입병 좀 낫게 해주십시오."

온종일 부처님만 쳐다보면서 이렇게 한마음으로 빌다가 집으로 돌아왔습니다. 그렇게 하기를 며칠, 그녀는 꿈을 꾸었습니다.

그녀가 열심히 부처님을 바라보며 기도를 하고 있는데, 부처님께서 갑자기 자리에서 일어나 불단을 내려오셨습니다. 그리고는 다기茶器에 담겨 있는 물을 찻잔에 가득 따라주셨습니다. 엉겁결에 그것을 받아 마시려는데 부처님께서 일러주셨습니다.

"그냥 삼키지 말고 입 안에서 우물우물하다가 넘겨라."

그녀는 시키는 대로 하고 꿈에서 깨어났는데, 거짓말처럼 입병이 말끔히 나아 있었습니다. 매운 음식, 짠 음식, 그 어떠한 것을 먹어도 입 안이 아프지 않았습니다.

'세상에 어쩌면 이토록 신기한 일이 있단 말인가?'

그녀는 감격하여 불교신문에 이 사실을 투고하였습니다. 글솜씨는 서툴지만 불자들에게 부처님의 불가사의한 가피력을 알리고자 투고하였던 것입니다.

♌

이 이야기에서처럼 다급한 일을 당한 불자라면 몽중가피를 입을 때까지 일심으로 기도해야 합니다. 꿈속에서 가피를 입을 그때까지….

꼭 소리를 내어 염불을 해야만 기도가 되는 것은 아닙니다. '생각 念'자 염불念佛. 꼭 입으로 부르지 않더라도 마음속으로 부처님을 열심히 생각하면 그것이 참된 염불이요, 생각하고 매달리는 마음이 간절하면 부처님과 하나가 되어 저절로 가피를 입게 되는 것입니다.

낫고 나면 명훈가피의 기도를

우리가 아침저녁으로 외우는 예불문 끝부분에는 '유원 무진삼보 대자대비 수아정례 명훈가피력唯願無盡三寶 大慈大悲 受我頂禮 冥熏加被力…'이라는 구절이 있습니다. 그 뜻은 '오직 원하옵건대 다함 없는 삼보께서는 대자대비로써 저의 정성스러운 절을 받아들여 은근히 가피력을 내려 주옵소서' 하는 것입니다.

옛 말씀에 '노는 입에 염불한다'고, 가거나 오거나 빨래를 하거나 무슨 일을 하든지 관세음보살을 불러서 염염관세음念念觀世音, 생각생각에 관세음보살이 함께하게 되면 가는 곳마다 머무르는 곳마다 편안한 세상, 곧 처처안락국處處安樂國으로 바뀌게 됩니다.

바로 이것이 명훈가피입니다. 언제나 불보살의 보호를 받고 사는 것입니다. 이렇게 되면 재난이 저절로 피해 가고 항상 기쁘고 편안하고 즐거움이 가득하게 되며, 입가에는 미소를, 가슴에는 태양을 안고 살아갈 수 있게 됩니다.

특히 몽중가피를 입어 병이 나은 분의 경우에는 이 명훈가피의 기도가 필요합니다. 병이 나았다고 기도를 딱 끊게 되면 다시 업業이 발동하여 재발을 할 수도 있습니다. 그러나 명훈가피의 기도를 하면 재발은 물론 늘 평화롭게 살 수가 있습니다.

이 명훈가피의 기도는 결코 어려운 것이 아닙니다. 온종일 기도하라는 것도 아닙니다. 하루에 108배 또는 10분 동안의 관세음보살 염불기도라도 꾸준히 해보십시오. 틀림없이 명훈가피를 입어 마음의 여유가 생기고 평화로움이 깃들게 됩니다. 하물며 언제나 불보살을 생각하고 기도한다면, 어찌 마음이 태양처럼 밝아지지 않겠습니까?

거듭 강조하건대 기도 성취의 비결은 '간절 절切'

에 있고, '간절 切'은 삼매로 통하게 되어 있습니다. 그리고 우리가 간절히 기도하여 잠깐이라도 삼매를 이루게 되면 불보살의 가피는 저절로 찾아들게 되어 있는 것입니다.

병고 속에 있는 불자들이여, 형편 따라 능력 따라 내 마음을 내가 모으는 기도를 하십시오. 흩어진 정신에너지를 하나로 모아 불보살님과 한 몸을 이루는 기도를 하십시오.

이렇게만 하면 불보살께서 병고의 해탈은 물론 현실 속에서 늘 우리를 보호해 주십니다. 나아가 '나'에게 갖추어져 있는 영원 생명·무한 능력이 개발되고, 내가 서 있는 이곳 또한 사바세계가 아닌 불국토로 바뀌게 됩니다.

부디 올바른 기도법에 의해 병고해탈의 기도를 하는 불자가 되기를 당부드립니다.

제3장

염불기도법

김 현 준

염불은 가장 쉬운 기도

❀

　서울에 살았던 이 보현행 보살은 결혼 전이나 후에나 부족함이 없는 생활을 해오다가, 40대 후반에 남편을 저세상으로 먼저 보내고 결혼한 외아들과 함께 생활을 했습니다. 그런데 아들의 몸에마저 이상이 생겼습니다. 처음에는 힘이 없고 얼굴이 하얗게 되더니, 차츰 밥을 먹지 못하고 거동조차 못하는 것이었습니다. 병명은 백혈병이었습니다.

　그때만 하여도 재산이 있던 때인지라, 서울의 유명한 병원과 한의원을 찾아다니며 진찰도 하고 치료도 받았습니다. 그리고 마지막에는 국립중앙의료원에 입원하였으나 병세는 갈수록 악화될 뿐이었습니다. 생명을 연장하는 유일한 방법이 '수혈' 외에는 없었던 것입니다. 마침내 담당 의사도 손을 들었습니다.

"이제 그만 퇴원하여 집에서 요양하는 것이 좋겠습니다. 먹고 싶은 것이나 마음껏 드시면서…"

아들을 퇴원시켜 집으로 돌아온 보현행 보살은 외아들을 잃게 된다는 생각에 미칠 것만 같았습니다. 점도 치고 굿도 하고 갖가지 민간요법을 해보았지만 소용이 없었습니다. 또 만나는 사람들에게 실오라기를 잡는 마음으로 아들을 살릴 길이 없느냐고 물었습니다. 그때 어떤 분이 말했습니다.

"절에 한번 가보시지요."

당시만 하여도 보현행 보살은 불교를 믿지 않고 있었지만, 쌀과 향과 초를 준비하여 서울 안암동의 개운사로 가서 법당에 참배하고 스님께 사연을 이야기했습니다. 스님은 묵묵히 들으신 다음 한참만에 말씀했습니다.

"아들은 살릴 수 있습니다. 그러나 하기가 쉽지는 않을 텐데요."

"스님, 아들만 살릴 수 있다면 무엇이든 다 하겠

습니다. 방법을 가르쳐 주십시오.”

“하루에 세 시간씩 기도를 하십시오. 먼저 천수경 1편을 외우고 나머지 시간은 열심히 관세음보살을 외우십시오. 착한 마음을 가지고 계행을 지켜야 하며 고기를 먹지 말고 백 일 동안 기도하되, 열흘에 한 번씩 공양을 올리십시오. 이 모두를 집에서 하면 됩니다.”

그날부터 보현행 보살은 지성을 다해 기도를 시작했습니다. 입으로 끊임없이 관세음보살을 염하며 속으로 기원했습니다.

‘관세음보살님, 저희의 모든 잘못을 참회드리옵니다. 대자비심으로 아들을 살려주옵소서.’

그런데 묘한 일이 일어났습니다. 한 차례에 두 병씩 피를 수혈해도 열흘을 넘기지 못했던 아들이, 쓰러져야 할 때가 되어도 아무런 이상이 없는 것이었습니다. 오히려 차츰 생기가 돌았습니다. 아들도 신기한지 어머니를 따라 염불을 하기 시작했습니다.

한 달 두 달 석 달, 마침내 백일이 다 찼습니다.

그동안 보현행 보살은 여러 가지 상서를 경험했습니다. 꿈에 경찰이 와서 집 안에 있는 나쁜 사람을 잡아가기도 하고, 돌벽이 열리면서 한 노인이 나타나 '네 소원이 성취되었다'며 위로해 주기도 했습니다. 또 버스가 집 앞에 서더니 사람들이 집 안의 나쁜 물건을 모두 실어 가고 도끼를 든 흉측한 사나이를 잡아가는 꿈도 꾸었습니다.

백일기도가 끝나자 아들은 잠깐 다녀올 곳이 있다며 아침에 집을 나갔다가 저녁에 돌아왔습니다. 그리고는 환한 얼굴로 말했습니다.

"어머니, 국립중앙의료원에 다녀오는 길입니다. 의사선생님께서는 죽었어야 할 사람이 왔다는 듯이 '이상하다, 이상하다' 하시면서 몇 가지 진찰과 실험을 하셨는데, 병이 완쾌된 듯하다고 하셨습니다. 이틀 정도 검사를 더 해보자고 하시더군요."

3일에 걸친 검사 결과 의사선생님의 진단은 '완

쾌!'였으며, 참으로 이해되지 않는다는 듯이 말했습니다.

"정말 기적이군요. 지금 상태라면 오히려 피 1천 그램을 한꺼번에 빼내어도 끄떡없겠습니다."

그때가 1965년 가을이었습니다. 이후 보현행 보살은 매일 새벽 4시만 되면 염불을 하면서 불보살님께 감사드리고, 불법이 세상에 크게 빛나기를 기원하며 살았습니다.

§

이 이야기의 주인공인 보현행 보살과 아들은 염불 기도법을 통하여 불치의 병을 극복하였습니다. 이러한 염불기도는 불교의 여러 기도법 중에서 누구나 할 수 있는 가상 쉬운 방법입니다.

곧 나무아미타불·석가모니불·약사여래·관세음보살·지장보살 등의 불보살님 중 한 분의 명호를 부르면서 죄업을 녹이는 것이 염불기도법입니다.

어떠한 불보살님의 명호라도 좋습니다. 불보살

님 중 한 분의 명호를 택하여 입으로 부르고 생각하며 기도하면 업장이 녹고, 업장이 녹으면 장애와 재난이 소멸되면서 길이 고통의 현실을 벗어날 수 있게 됩니다.

힘들여 절을 많이 하라는 것도 아닙니다. 잘 이해되지 않는 경전을 외우라는 것도 아닙니다. 전혀 뜻을 알 수 없는 진언이나 다라니를 외우라는 것도 아닙니다.

오직 마음을 모아 대자비의 불보살님 중 한 분의 명호를 외우고 생각하면 틀림없이 업장을 녹여 난치·불치병 등의 고난으로부터 해탈하게 된다는 것을 많은 불경들은 한결같이 설하고 있습니다.

인과의 법칙이 명백한 이 법계에서 어떻게 이와 같은 일이 가능한 것일까요?

그 가능성은 중생인 '나'로 인해 생겨난 것이 아닙니다. 바로 불보살님의 근본서원력根本誓願力, 곧 부처님이나 큰 보살님들이 보살행을 닦아 익힐 때

세운 중생제도의 원願 덕분입니다.

어느 불보살님도 '중생의 기도를 받아들여 고통을 제거해 주고 행복을 안겨주겠다'는 원을 세우지 않은 분이 없습니다. 그리고 그 원을 성취하기 위해 갖은 시련을 극복하며 힘을 길렀습니다.

그러한 불보살님의 원력 덕분에 우리는 믿음 속에서 염불을 하고 기도를 하면 됩니다. 불보살의 밝은 이름을 외우며 기도하면 불보살님의 서원력에 의해 모든 죄업이 남김없이 소멸되면서 해탈을 얻게 되는 것입니다. 비석화상飛錫和尙의 〈염불삼매보왕론〉에는 다음과 같은 구절이 있습니다.

물을 맑히는 구슬인 수청주水淸珠를 탁한 물에 넣으면 아무리 탁한 물이라도 맑아지지 않음이 없는 것처럼, 어지러운 마음에다 염불을 던져 넣으면 아무리 탁한 죄업의 마음이라도 맑아지지 않음이 없느니라.

이 얼마나 명쾌한 가르침입니까? 그러나 '나'의 노력이 없으면 수청주와 같은 가피를 입을 수가 없습니다. 노력 없이 '나' 스스로가 만든 벽 속에 웅크리고 앉아 있으면 불보살님과 통할 수 없습니다. '나' 스스로가 만든 벽이 모든 가피를 차단해 버리기 때문입니다.

하지만 마음을 모아 염불을 하게 되면 불보살님의 근본 원력과 '나'의 원이 하나로 통하게 되어, 불보살님의 큰 가피 속에서 능히 성취를 이룰 수 있고 업장을 소멸시킬 수가 있는 것입니다.

부디 이상과 같은 염불기도의 원리를 잘 새겨 병고로부터 해탈하기를 축원드립니다. 이제 염불기도를 하기 전에 준비해야 할 사항과 염불을 하는 방법에 대해 함께 살펴보도록 합시다.

염불을 하는 이가 미리 알아둘 일

①**장소와 시간**:염불을 하기에는 조용한 곳이 좋습니다. 하지만 장소에 너무 구애될 필요는 없습니다. 병상에서나 병원 법당, 때로는 화장실도 가릴 필요가 없습니다. '어디에서나 하겠다'는 자세로 임하여야 합니다.

그리고 '늘 염불하고자' 하는 마음가짐을 가져야 합니다. 만약 특별한 시간에 집중적으로 하겠다고 생각한다면 가급적 일어나서 씻은 다음의 시간이나 잠자기 전의 시간이 좋습니다.

②**소요 시간**:'몇 시간 동안이나 염불기도를 해야 하느냐'는 '어떤 일로 기도를 하느냐'에 따라 달리 잡아야 합니다.

만일 병환의 쾌유를 위해 염불을 할 경우라면 적어도 아침저녁 2시간은 하여야 하고, 매우 다급하

고 힘든 경우라면 하루 종일 한다는 각오로 임해
야 합니다. 오나가나 앉으나 서나 염불기도를 해
야 합니다.

그러나 병을 치료한 다음 불보살의 은근한 가피
를 바라는 경우라면 하루 한 시간 정도로 시간을
정하는 것이 좋습니다. 그리고 여러 가지 일로 시
간을 많이 낼 수 없는 이라 할지라도 최소한 30분
은 해야 합니다. 긴 향은 한 시간, 보통 향은 30분
가량 타므로, 굳이 시계를 볼 필요 없이 향으로 시
간의 흐름을 측량하는 것도 좋은 방법입니다.

그리고 염불을 할때 권하고 싶은 것은 될 수 있
는 한 합장주나 108염주를 손에 쥐고 하라는 것입
니다. 이 습관이 붙게 되면 염주를 쥐는 순간 저절
로 염불이 나오게 됩니다.

그리고 집중적으로 할 때는 하루 만 번씩, 염주
알 천 개를 꿰어 만든 천주千珠를 열 번 돌리며 염
불하는 것을 권하고 싶습니다. 처음에는 한 시간

에 만 번 염불하는 것이 불가능하지만, 빨리 염불
하는 것이 익숙해지면 능히 할 수 있습니다.

③**기간**:많은 불자들이 궁금해하는 것은 '얼마
동안이나 하면 업장이 소멸되어 나의 문제가 풀리
겠는가' 하는 것입니다. 그 기간은 경우에 따라 다
르며, ≪대집경≫에는 다음과 같은 가르침이 있습
니다.

혹 하룻밤이나 이레 동안이라도 다른 업을 짓
지 말고 지극한 마음으로 염불하여 보라. 조금
염하면 업을 조금 녹이고, 많이 염하면 업을 많이
녹이느니라.

염불기도를 통하여 '얼마나 빨리 업장을 녹이느
냐'하는 것은 기도하는 이의 정성과 업의 두께에
따라 다를 수밖에 없습니다. 그러나 병고해탈의

기도라면 기간없이 몽중가피夢中加被를 입을 때까지 계속하는 것이 좋습니다.

④**어떤 불보살의 명호를 염할 것인가**:염불을 할 때 불자들이 많이 염하는 불보살님은 아미타불·약사여래·석가모니불·관세음보살·지장보살·문수보살·미륵보살·제대성중·화엄성중 등입니다. 그렇지만 병환 속에 있을 때는 관세음보살과 약사여래를 많이 외우며, 특히 관세음보살의 가피를 입은 예는 부지기수입니다. 참고하시기 바랍니다.

⑤**자세**:염불을 할 때는 단정히 앉아 행하는 것이 기본입니다. 그러나 바르게 앉을 수 없을 만큼 몸이 좋지 않은 경우라면 벽에 기대거나 누워서 해도 무방합니다. 특히 병상의 환자라면 자세에 구애될 것이 없습니다. 가장 편안한 자세로 염불을

하시면 되며, 염불을 하는 것만으로도 불보살님께
서는 어여삐 여기십니다.

염불기도의 방법

이상과 같이 염불에 대한 예비 지식이 갖추어졌
으면 이제 정성을 모아 기도를 하면 됩니다. 그 방
법은

①입으로 불보살의 명호를 외우고
②불보살을 생각하면서
③마음속으로 소원을 비는 것

으로 모아집니다.
이러한 염불의 방법과 요령을 조금 더 상세히 살
펴봅시다.

첫째, 불보살님의 명호를 입으로 외울 때의 요령입니다.

가령 '관세음보살'을 외운다고 할 경우, 정해진 법이 따로 있는 것은 아닙니다. 입으로 외우라 했다고 하여 반드시 입 밖으로 큰소리가 나와야 하는 것은 아닙니다.

때로는 크게 할 수도 있고, 때로는 작게 할 수도 있으며, 때로는 혼자만의 속삭임처럼 외울 수도 있습니다. 마음이 답답하거나 다급한 일이 있다면 절을 하면서 크게 외칠 수도 있습니다.

그리고 "큰 소리로 염불을 하면 열 가지 공덕이 있다"는 말을 듣고 일부러 큰 소리로 염불을 하는 불자들도 있습니다. 그러나 공덕의 크고 작음은 마음을 얼마나 잘 모아 참회하고 염불하느냐에 달려 있는 것일 뿐, 소리의 크고 작음과는 별 상관이 없습니다.

오히려 소리를 크게 냄으로써 주위 사람들의 반

감을 불러일으키는 경우도 있으므로, 처한 환경에 따라 소리의 강약을 조절하는 것이 좋습니다. 곧 소리를 내지 않고 속으로만 외워도 됩니다.

그리고 염불하는 소리는 끊임없이 이어지도록 하는 것이 최상입니다. 남이 듣는 소리로서가 아니라, '나' 속에서 끊임없이 이어져야 합니다. 그렇게 하기 위해서는 다음과 같은 요령을 취하는 것이 좋습니다.

①염불을 시작하기 전에 심호흡을 세 번 또는 일곱 번 하십시오. 그리고 아랫배까지 숨을 가득 들이켜 '관-세음-보-살, 관-세음-보-살' 하면서 천천히 시작하되, 다섯 번 정도가 지나면서부터 점점 빨리 부르기 시작하여 마침내는 한번 한번 부르는 '관세음보살' 명호의 앞뒤가 간격이 없을 만큼 빠르게 불러야 합니다.

②이때 염불을 하고 있는 사람은 한번 한번 '관세음보살'을 분명히 염송하지만, 옆에 있는 사람은 무슨 소리인지 알아듣지를 못합니다. 그리고 입만 달싹거릴 뿐, 소리가 거의 밖으로 새어 나오지 않게 불러도 무방합니다.

③숨을 내쉴 때만 '관세음보살'을 외우는 것이 아니라, 숨을 들이쉴 때도 외어야 합니다. 또한 염불을 하면서 숨을 들이킬 때는 그 기운이 몸 깊숙한 곳까지 들어가도록 해야 합니다. 짧은 호흡이 아니라 긴 호흡을 하며 염불하라는 것입니다. 이렇게 하면 단 1초도 염불이 끊어지지 않게 됩니다.

그러나 이렇게 빨리 염불을 하는 것이 힘들고 어려운 상태라면 천천히 염불을 하는 것도 좋습니다. 곧 108염주를 들고 될 수 있는 한 긴 호흡을 하면서 염불을 하십시오. 그리고 한 바퀴를 다 돌렸으면 꼭 참회와 감사와 병고해탈을 위한 축원을 하십시오. 참회와 감사와 축원의 요령은 뒤에 이야기하겠습니다.

또 한 가지, 매우 다급하고 속히 이루어야 할 경우의 염불기도라면 다급함만큼 염불도 열심히 몰아붙여야 합니다.

참으로 애가 타고 '나'의 능력으로는 어찌할 수 없어 애간장이 녹아날 일이 있다면 이것저것 생각할 겨를이 없습니다. 모든 것을 불보살님께 맡기고 배고픈 아기가 어머니를 찾듯이, 갈증으로 신음하는 사람이 물을 찾듯이, 중병을 앓는 이가 용한 의사를 찾듯이, 닭이 알을 품고 있듯이 간절한 마음으로 불보살님의 명호를 불러야 합니다.

밥을 먹을 때도 속으로는 '관세음보살'을 부르고, 뒷간에서 볼일을 볼 때도 불러야 합니다. 적당하고 형식적인 염불로는 안 됩니다. 지극하게 매달려야 합니다. 진한 땀이 흘러나오고 눈물이 쑥 빠지도록 열심히 염하게 되면, '나'의 힘으로는 어찌할 수 없는 일도 며칠이 지나지 않아 해결을 볼 수 있게 됩니다.

갑자기 나 또는 가까운 가족이 난치·불치의 병에 걸리는 시련이 닥쳐왔을 때, 그 당사자들은 모든 것을 잃은 듯이 생각합니다. 참으로 고통이 클 것입니다.

그러나 무상無常하게 불행이 다가왔듯이, 불행도 때가 되면 무상하게 가버립니다. 이 어려운 고비를 한숨으로 지새지 말고 염불기도로 자리 메꿈을 해 보십시오. 조급증을 내지 말고 염불을 하십시오. '나는 이제 죽었다' 싶으면 죽을 각오로 염불을 하십시오. 그렇게만 하면 업장이 녹으면서 복이 찾아 듭니다.

우리가 살고 있는 이 법계에는 생명력과 행복의

기운이 가득 충만되어 있습니다. 그 생명력과 행복
의 기운을 '나'의 것으로 만들게 하는 것이 염불이
요 기도입니다. 오히려 지금의 시련을 '나'의 업장
을 녹여 큰 복을 담을 수 있는 기회로 생각하고,
꼭 염불기도를 해보시기를 당부드립니다.

**둘째, 불보살을 생각하라 함은 관상觀想을 하라
는 것입니다.**

염불을 할 때 불보살을 염念하라고 하면, 사람마
다 제 나름대로 생각하게 됩니다. 그러나 '염'을 보
다 정확히 해석하면 눈으로 보는 것이 아니라 '마
음으로 보는 관觀'을 하며 생각하라는 것입니다.

산단히 말해 입으로 끊임없이 불보살의 명호를
외우면서, 머리로 그 불보살님의 모습을 떠올려야
합니다. 하지만 불보살님의 모습을 그냥 단순히
그려보는 것이 아니라, '나' 또는 가피를 입었으면
하는 대상이 불보살의 미간백호로부터 뿜어져 나

오는 광명을 듬뿍 받고 있는 모습을 떠올려야 합니다.

한 예로서, 아내가 남편의 쾌유를 위해 관세음보살을 외우며 기도를 올린다고 합시다. 이때 아내는 입으로 끊임없이 관세음보살을 부르면서, 관세음보살님이 미간의 백호에서 뿜어내는 자비광명이 남편을 비추고 있는 모습을 떠올려야 합니다.

그렇게 하면서 병환의 쾌유를 기원하면 관세음보살의 밝은 가피가 남편에게로 바로 향하게 되어, 남편의 건강이 나날이 좋아지고 마침내는 완쾌할 수 있게 되는 것입니다.

특히 가족끼리는 뇌파작용이 어느 누구보다도 강하기 때문에, 이렇게 관상을 하며 염불을 하면 불보살님의 자비광명이 훨씬 빨리 전달됩니다. 실로 밝은 광명을 받게 되면 어둠의 장애가 사라지기 마련이요, 장애가 없으면 뜻대로 이룰 수 있음이 자명한 이치이지 않습니까!

‘나’ 자신이 깊은 병환 속에 있을 때에도, ‘나’에게로 불보살님의 자비광명이 쏟아져 내리는 모습을 관하면서 염불을 해보십시오. 참으로 불보살님의 무한자비와 불가사의한 힘을 느끼게 될 것입니다.

나는 기도법을 묻는 사람들에게 이 방법을 많이 일러줍니다. 그런데 묘하게도 이와 같은 방법으로 기도를 하였더니 소원대로 되었다는 분들이 많았습니다.

이렇게 기도를 하면 왜 가피를 빨리 입게 되는가?

바로 집중이 잘 되기 때문입니다. ‘불보살’의 자비광명이 가피를 입을 대상에게로 향하도록 하고 입으로 ‘불보살’의 명호를 끊임없이 부르면, ‘불보살’과 불보살을 부르는 ‘나’와 ‘가피를 입을 자 또는 일’이 하나를 이루게 됩니다. 곧 삼위일체가 되는 것입니다. 자연 단순히 명호만 외우는 염불보다 마음이 훨씬 잘 모여지게 되어있는 것입니다.

모름지기 집중이 잘 되면 마음이 고요해지고, 마

음이 고요해지면 맑아지고, 맑아지면 밝아져서 마침내 지혜의 빛이 뿜어져 나오게 됩니다. 그때가 되면 녹아내리지 않을 업장이 어디에 있고 고치지 못할 병이 어디에 있겠습니까?

셋째, 항상 마음속으로 '꼭 낫게 해주십시오'라고 해야 합니다.

염불을 하되, '나의 소원을 불보살님께서 알아서 해주겠지' 하지 말고, 심중의 소원인 병고해탈을 기도해야 합니다. 속으로 끊임없이 '꼭 낫게 해주십시오'라고 해야합니다.

그리고 염불을 시작할 때와 끝낼 때, 또는 108염주나 천주를 한번 돌릴 때마다 참회와 감사와 축원을 하도록 하십시오.

예를 들어 보겠습니다.

① "부처님, 잘못했습니다, 잘못했습니다, 잘못했

습니다.

꼭 저의 병이 쾌차하옵고, 저와 주변의 모든 이들에게 불보살님의 자비와 지혜와 행복의 빛이 충만하여지이다(3번).

감사합니다, 감사합니다, 감사합니다.

부처님 잘 모시고 살겠습니다, 잘 모시고 살겠습니다, 잘 모시고 살겠습니다."

② "잘못했습니다, 잘못했습니다, 잘못했습니다.

관세음보살님! 병이 낫고 나면 모든 이들을 살리는 이 몸이 되겠나이다. 모든 병마가 티끌로 화하여 쾌차하여지이다(3번).

꼭 낫게 해주십시오, 꼭 낫게 해주십시오, 꼭 낫게 해주십시오.

점점 좋아지고 있습니다, 점점 좋아지고 있습니다, 점점 좋아지고 있습니다.

완쾌되었습니다, 완쾌되었습니다, 완쾌되었

습니다.

감사합니다, 감사합니다, 감사합니다.

불법승 삼보를 잘 받들며 살겠습니다.(3번)”

이렇게 같은 문장을 3번씩 반복하며 무조건 잘못을 참회하고 감사를 드리면서, 병환의 쾌유와 나와 남을 함께 이롭게 하는 자리이타의 원을 발하여 보십시오. 그리고 부처님과 삼보를 잘 받들어 모시겠다고 다짐하십시오.

이렇게 하면 모든 업장을 만들었던 이기심이 스르르 무너지면서 가피를 입음은 물론이요, 염불을 통하여 새롭게 태어날 수 있습니다.

가장 쉬운 기도법인 염불!

부디 이 염불기도를 잘 행하여 병상의 불자들이 불보살의 가피를 입고, 자비와 지혜와 행복이 충만된 삶을 살 수 있게 되기를 축원하여 마지않습니다.

나무마하반야바라밀.

동곡일타東谷日陀 스님

1929년 충남 공주에서 출생하여 1942년 양산 통도사로 출가하였다. 1946년 송광사 삼일암의 수선안거修禪安居를 시작으로 일평생을 참선정진과 중생교화에만 몰두하셨다.

해인사 주지·대한불교조계종 전계대화상·대한불교조계종 원로위원·은해사 조실 등을 역임하다가, 1999년 11월 29일 세수 71세, 법랍 58세로 열반에 드셨다.

저서로는 『범망경보살계』『법공양문』『오계이야기』『윤회와 인과응보 이야기』『생활 속의 기도법』『기도』『불자의 마음가짐과 수행법』『부드러운 말 한마디 미묘한 향이로다』『불교 예절 입문』『선수행의 길잡이』『초심(시작하는 마음)』『발심수행장(영원으로 향하는 마음)』『자경문(자기를 돌아보는 마음)』『광명진언 기도법』『행복을 여는 감로법문』이 있으며, 일대기『아! 일타큰스님』도 있다.

김현준 金鉉埈

동국대학교 대학원에서 불교학을 전공하고 한국학중앙연구원에서 한국불교를 연구하였으며, 우리문화연구원 원장과 효림출판사 대표 등을 역임하였다.

현재 불교신행연구원 원장, 월간 「법공양」 발행인 및 편집인, 효림과 새벽숲출판사의 주필로 활동하고 있다.

저서로는 『사찰, 그 속에 깃든 의미』『예불문, 그 속에 깃든 의미』『생활 속의 천수경』『생활 속의 반야심경』『생활 속의 보왕삼매론』『화엄경 약찬게 풀이』『광명진언 기도법』『신묘장구대다라니 기도법』『지장신앙 지장기도법』『참회』『불교의 자녀사랑 기도법』『사성제와 팔정도』『삼법인·중노』『인언법』『육바라밀』 등 30여 종과 불자들의 신행을 돕는 사경집 20여 종이 있으며, 『법화경』『원각경』『유마경』『승만경』『지장경』『보현행원품』『약사경』『자비도량참법』『육조단경』『선가귀감』 등의 한글 번역서 10여 종이 있다.

신행과 포교를 위한 불서 (4×6판, 각 100쪽)

바느질하는 부처님　　　　김현준 편저　3,500원

부처님 일대기 중에서 자비롭고 향기로운 이야기 29편을 가려 뽑아서 엮은 책. 이 책을 읽다보면 인생을 지혜롭고 평화롭게 이끌어 주는 부처님의 가르침을 저절로 터득할 수 있게 된다.

일상기도와 특별기도　　　　일타스님 저　3,500원

평소의 생활 속에서 쉽게 행할 수 있는 기도법과 괴롭고 힘든 경우에 행하는 특별한 기도, 일과 수행의 시작 단계 및 더 큰 성취를 위한 기도 등에 대해 자세히 설하고 있다.

광명진언 기도법　　　일타스님 · 김현준 저　3,500원

영가천도에 대한 광명진언의 효과, 일상생활 속에서 광명진언을 외울 때 생겨나는 좋은 일, 이 진언 속의 깊은 가르침, 기도의 방법과 마음가짐, 광명진언 기도 영험담 등을 수록하고 있다.

행복과 성공을 위한 도담　　경봉스님 저　3,500원

인생을 어떻게 살 것인가? 행복은 어디에 있고 누구에게 깃들며, 어떻게 할 때 성공하는가? 복 짓는 법등 을 명쾌하고도 자상하게 설하고 있다.

보왕삼매론 풀이　　　　　김현준 저　3,500원

간절한 말로써 장애 극복의 방법을 역설적으로 일러주어, 인생의 걸림돌을 디딤돌로 바꾸어주고 지혜롭고 복된 삶을 살 수 있도록 이끌어주는 보왕삼매론을 매우 감동적으로 풀이한 책이다.

불자의 삶과 공부　　　　　우룡스님 저　3,500원

현재의 삶에 속고 살지는 않는가? 주인노릇은 잘하고 있는가? 어떠한 이가 참된 불자인가? 등을 되물으면서, 복된 삶을 향해 나아가는 불자가 어떠한 공부를 해야 하는지를 일깨워주고 있다.

불교예절입문　　　　　　일타스님 저　3,500원

불교의 예절 속에는 깊은 상징성과 깨달음의 의미가 깃들어 있다. 이러한 관점에서, 합장법, 절하는 법, 사찰에서의 기본예절, 법문 듣는 법 등을 새롭게 정리하여 한 권의 책으로 엮었다.

행복을 여는 감로법문　　일타스님 저　3,500원

이 책 속에는 일타스님 일평생 정진의 힘이 깃들어 있다. 그래서 보는 사람들에게 큰 깨우침을 준다. 업과 복과 수행의 요점에 대해 생전에 설하신 이 감로법문을 읽다 보면 지혜의 눈과 행복의 문을 열려면 어떻게 해야 하는지를 분명히 알 수가 있다. 이제 함께 행복의 문을 열고 감로의 세계로 들어가 보자.

불성 발현의 길　　우룡스님 저　3,500원

내 속에 불성이 있고 깨달음의 본성이 있고 모든 것을 맑히는 자정능력自淨能力이 있다는 것과, 나의 삶을 어둡게 만드는 무명無明을 타파하는 방법 등에 대해 설한 이 조그마한 책. 이에 대한 내용은 다소 어려울지 모르지만, 참으로 중요하고 꼭 일러주고 싶은 내용이기에 스님께서 정성을 다해 설하셨다.

● 포켓용 아름다운 우리말 경전 ●

금강경 / 우룡스님 역　　　　　국반판　100쪽　2,500원
명쾌한 금강경 풀이와 함께 금강경의 근본 가르침을 함께 수록한 책

아미타경 / 김현준 역　　　　　국반판　100쪽　2,500원
한글 번역과 함께 독송하는 방법과 아미타불 염불법에 대해 설한 책

약사경 / 김현준 편역　　　　　국반판　100쪽　2,500원
한글 번역과 함께 약사기도법과 약사염불법에 대해 자세히 설한 책

관음경 / 우룡스님 역　　　　　국반판　100쪽　2,500원
관음경의 번역과 함께 관음기도와 관음염불법에 대해 자세히 설한 책

지장경 / 김현준 편역　　　　　국반판　196쪽　4,000원
편안하고 쉬운 번역과 함께 지장기도법을 간략히 설한 책

부모은중경 / 김현준 역　　　　국반판　100쪽　2,500원
부모님의 은혜를 느끼며 기도를 할 수 있게 엮은 책

보현행원품 / 김현준 편역　　　　국반판　100쪽　2,500원
보현보살의 십대원을 중심으로 설하여 참된 보살의 길로 이끌어주는 책

초발심자경문 / 일타스님 역　　　국반판　100쪽　2,500원
신심을 굳건히 하고 수행에 대한 마음을 불러일으키게끔 하는 책

법요집 / 불교신행연구원 편　　　국반판　100쪽　2,500원
법회와 수행 시에 필요한 각종 의식문, 좋은 몇 편의 글들을 수록한 책

유교경(부처님 마지막 법문) / 일타스님·김현준 편역　국반판　100쪽　2,500원

손안의 불서 ⑨

병환과 기도

지은이 일타큰스님·김현준
펴낸이 김연지
펴낸곳 효림출판사

초 판 1쇄 펴낸날 2006년   7월   20일
개정판 5쇄 펴낸날 2023년 12월   15일

등록일 1992년 1월 13일 (제2-1305호)
주 소 서울특별시 서초구 반포대로14길 30, 907호 (서초동, 센츄리Ⅰ)
전 화 02-582-6612, 587-6612
팩 스 02-586-9078
이메일 hyorim@nate.com

값 3,500원

ⓒ 효림출판사 2023
ISBN 978-89-85295-68-0 (03220)